Impressum
Verlag: BABADADA GmbH, Nedderfeld 112 , 22529 Hamburg
Geschäftsführer / Verlagsleitung: Harald Hof
Druck: Books on Demand GmbH, In de Tarpen 42, 22848 Norderstedt

Imprint
Publisher: BABADADA GmbH, Nedderfeld 112 , 22529 Hamburg, Germany
Managing Director / Publishing direction: Harald Hof
Print: Books on Demand GmbH, In de Tarpen 42, 22848 Norderstedt, Germany

iskola
škola

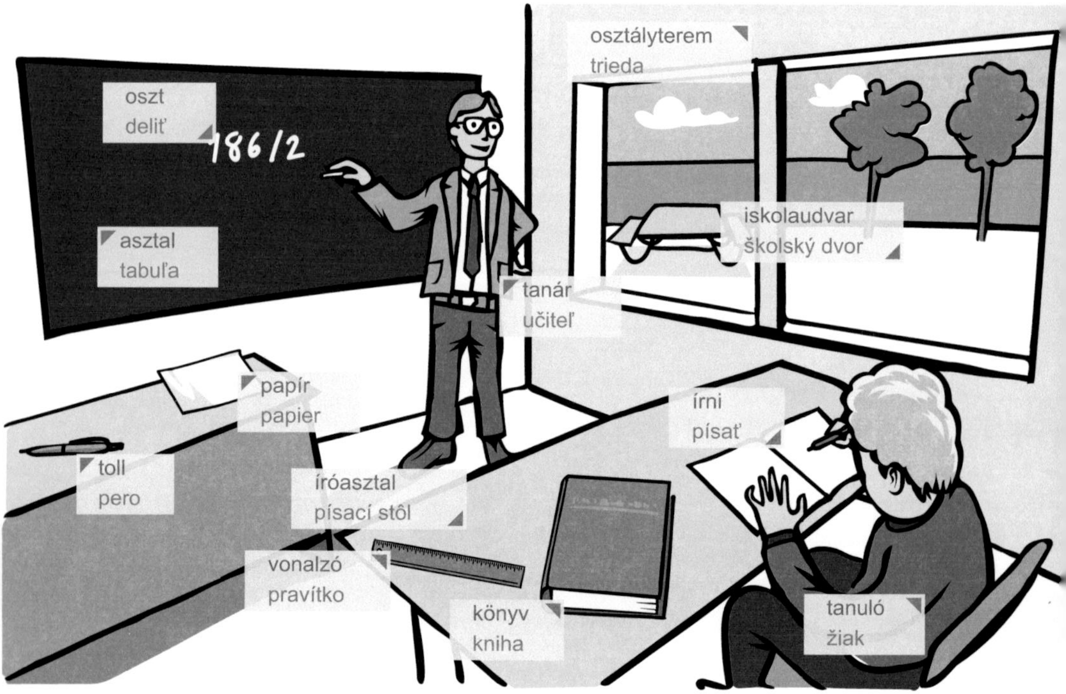
osztályterem
trieda
oszt
deliť
186/2
asztal
tabuľa
iskolaudvar
školský dvor
tanár
učiteľ
papír
papier
írni
písať
toll
pero
íróasztal
písací stôl
vonalzó
pravítko
könyv
kniha
tanuló
žiak

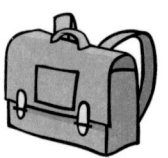

iskolatáska

školská taška

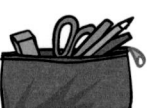

tolltartó

peračník

ceruza

ceruza

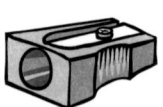

ceruzahegyező

strúhadlo na ceruzky

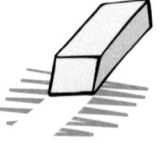

radír

guma

rajzfüzet

skicár

rajz

kresba

ecset

štetec

festőkészlet

vodové farby

olló

nožnice

ragasztó

lepidlo

munkafüzet

cvičný zošit

házi feladat

domáca úloha

12

szám

číslo

2+2

összead

sčítať

5-2

kivon

odčítať

2×2

szoroz

násobiť

számol

počítať

A

betű

písmeno

ABCDEFG
HIJKLMN
OPQRSTU
VWXYZ

ABC

abeceda

szó

slovo

szöveg

text

olvasni

čítať

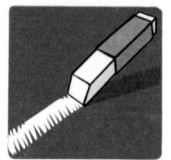

kréta

krieda

tanóra

hodina

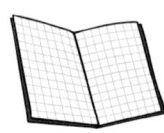

napló

triedna kniha

vizsga

skúška

bizonyítvány

certifikát

iskolai egyenruha

školská uniforma

oktatás

vzdelanie

enciklopédia

encyklopédia

egyetem

univerzita

mikroszkóp

mikroskop

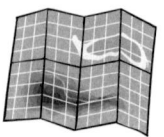

térkép

mapa

papír-hulladék gyűjtő

kôš na papier

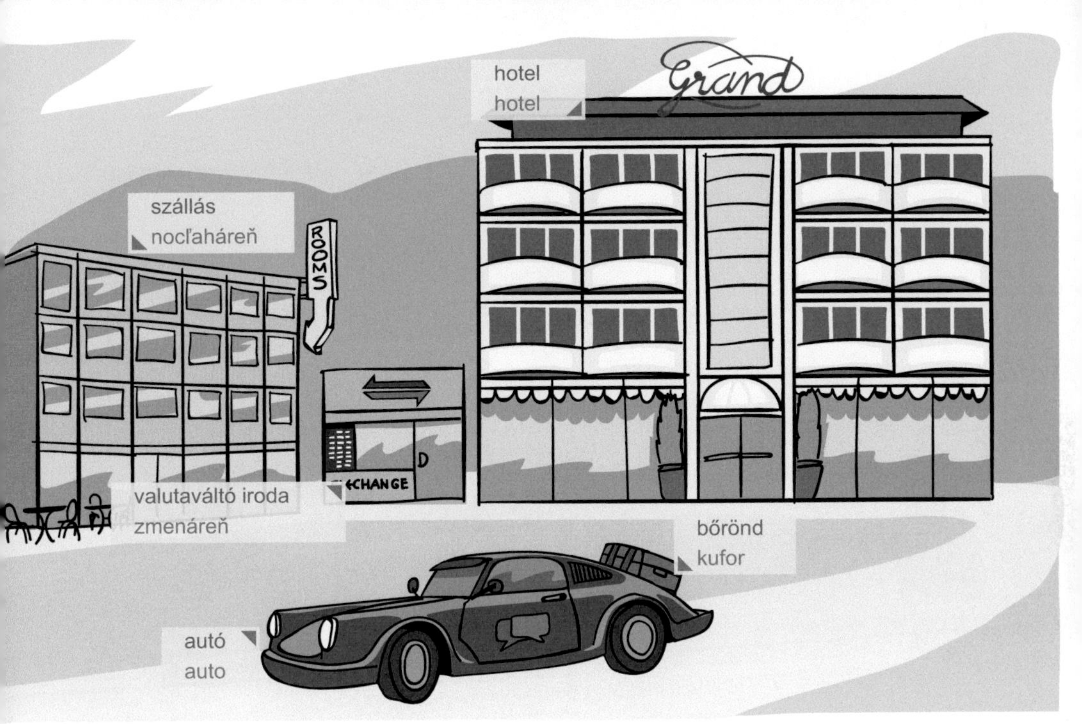

hotel
hotel
Grand
szállás
nocľaháreň
ROOMS
valutaváltó iroda
zmenáreň
EXCHANGE
bőrönd
kufor
autó
auto

nyelv
jazyk

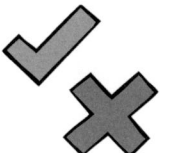

igen/nem
áno/nie

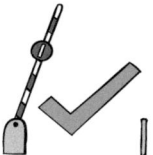

rendben
v poriadku

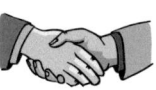

szia
ahoj

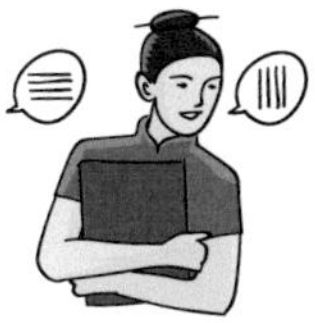

fordító
prekladateľ

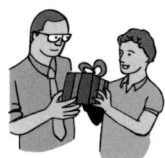

köszönöm
ďakujem

mennyibe kerül…?

Koľko stojí … ?

nem értem

Nerozumiem

probléma

problém

Jó estét!

Dobrý večer!

jó reggelt!

Dobré ráno!

jó éjszakát!

Dobrú noc!

viszontlátásra

Dovidenia

útirány

smer

poggyász

batožina

táska

taška

hátizsák

batoh

vendég

hosť

szoba

izba

hálózsák

spacák

sátor

stan

turista információ

informácie pre turistov

strand

pláž

hitelkártya

kreditná karta

reggeli

raňajky

ebéd

obed

vacsora

večera

jegy

cestovný lístok

lift

výťah

bélyeg

poštová známka

határ

hranica

vám

clo

nagykövetség

veľvyslanectvo

vízum

vízum

útlevél

cestovný pas

közlekedés
doprava

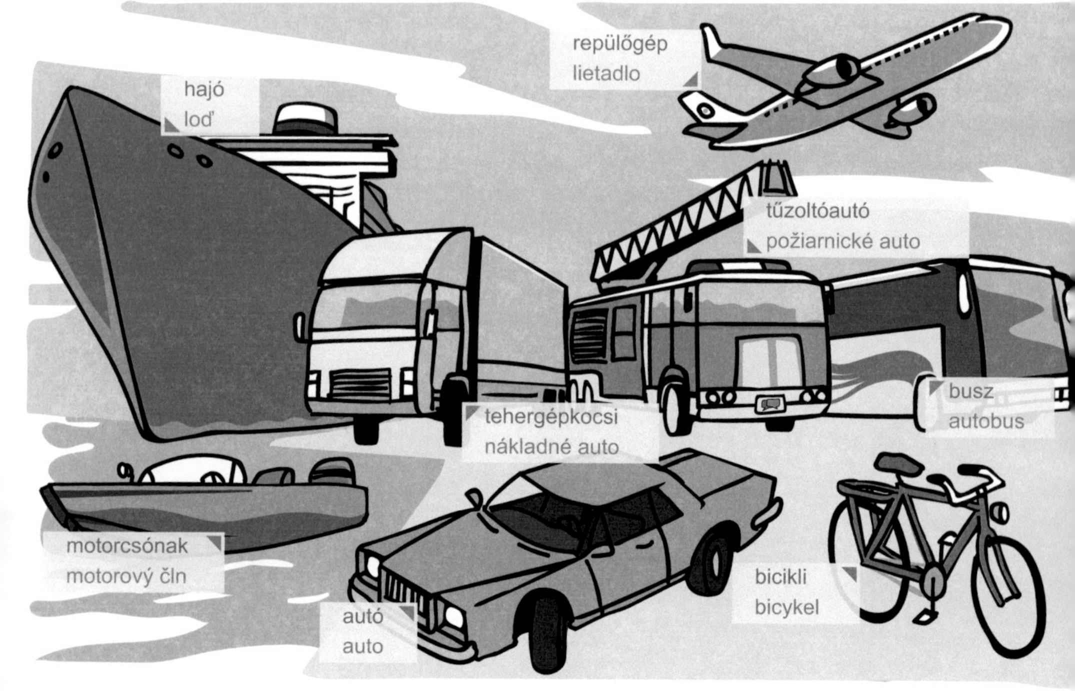
repülőgép
lietadlo
hajó
loď
tűzoltóautó
požiarnické auto
tehergépkocsi
nákladné auto
busz
autobus
motorcsónak
motorový čln
bicikli
bicykel
autó
auto

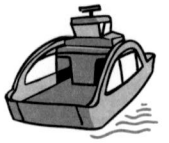

komp

trajekt

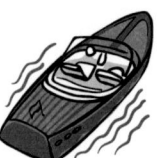

csónak

loď

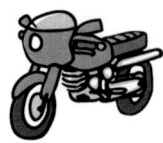

motorkerékpár

motorka

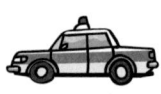

rendőrautó

policajné auto

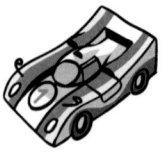

versenyautó

pretekárske auto

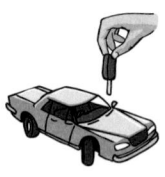

bérautó

vozidlo z požičovne

telekocsi

carsharing

vontató

odťahové auto

szemetes autó

smetiarske auto

motor

motor

üzemanyag

benzín

benzinkút

čerpacia stanica

közlekedési tábla

dopravná značka

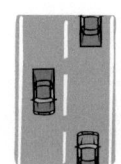

forgalom

premávka

forgalmi dugó

zápcha

parkoló

parkovisko

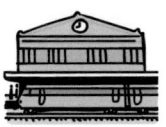

vonatállomás

vlaková stanica

sínek

trate

vonat

vlak

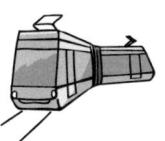

villamos

električka

vagon

vagón

helikopter

helikoptéra

repülőtér

letisko

torony

veža

utas

pasažier

konténer

kontajner

kartondoboz

kartón

taliga

vozík

kosár

kôš

felszáll / leszáll

štartovať / pristáť

város

mesto

falu

dedina

városközpont

centrum mesta

ház

dom

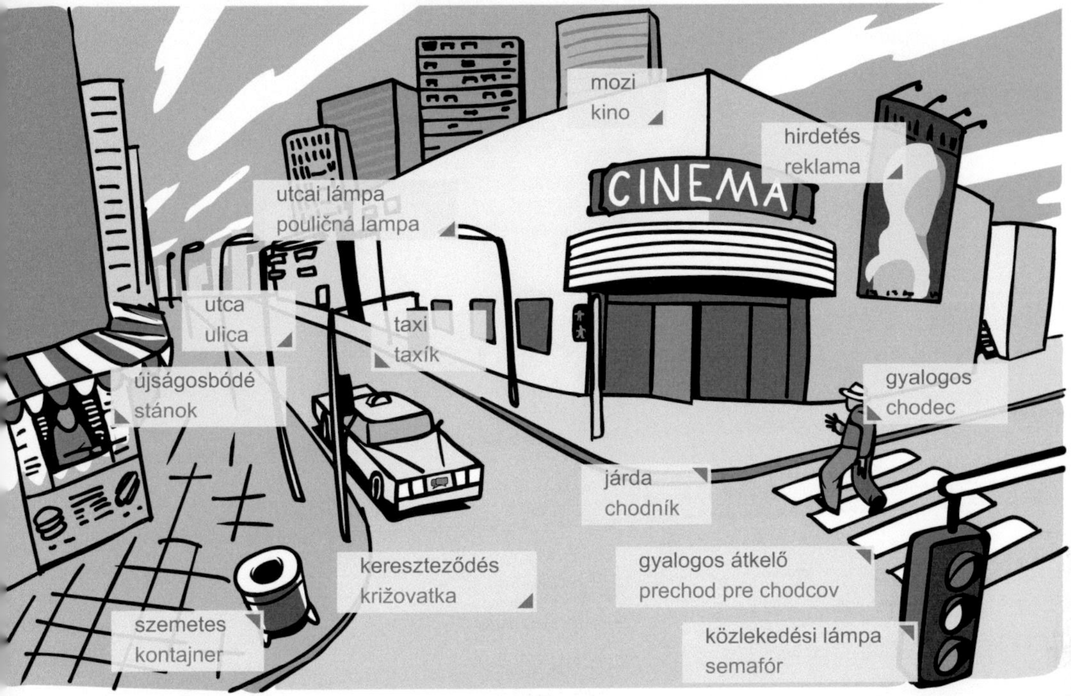
mozi
kino
hirdetés
reklama
CINEMA
utcai lámpa
pouličná lampa
utca
ulica
taxi
taxík
újságosbódé
stánok
gyalogos
chodec
járda
chodník
kereszteződés
križovatka
gyalogos átkelő
prechod pre chodcov
szemetes
kontajner
közlekedési lámpa
semafór

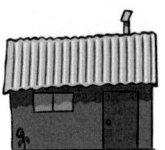

kunyhó

chata

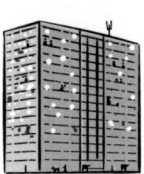

lakás

byt

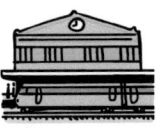

vonatállomás

vlaková stanica

városháza

radnica

MUSEUM

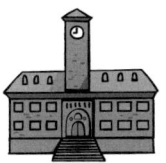

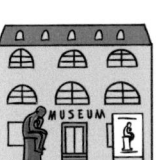

múzeum

múzeum

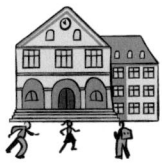

iskola

škola

egyetem

univerzita

bank

banka

kórház

nemocnica

hotel

hotel

gyógyszertár

lekáreň

iroda

kancelária

könyvesbolt

kníhkupectvo

üzlet

obchod

virágüzlet

kvetinárstvo

szupermarket

supermarket

piac

trh

áruház

obchodný dom

halárus

obchodník s rybami

bevásárló központ

nákupné stredisko

kikötő

prístav

város - mesto

park

park

pad

lavička

híd

most

lépcső

schody

metró

metro

alagút

tunel

buszmegálló

autobusová zastávka

bár

bar

étterem

reštaurácia

postaláda

poštová schránka

utcatábla

tabuľa s názvom ulice

parkoló óra

parkovacie hodiny

állatkert

ZOO

uszoda

plaváreň

mecset

mešita

gazdálkodás

farma

környezetszennyezés

znečisťovanie životného prostredia

temető

cintorín

templom

kostol

játszótér

ihrisko

szentély

chrám

táj
terén

levél
list

útjelző tábla
smerová tabuľa

út
cesta

rét
lúka

kő
kameň

fa
strom

túrázó
turista

folyó
rieka

fű
tráva

virág
kvet

völgy

dolina

domb

kopec

tó

jazero

erdő

les

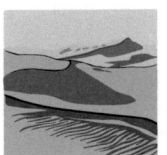

sivatag

púšť

vulkán

vulkán

kastély

zámok

szivárvány

dúha

gomba

hríb

pálmafa

palma

szúnyog

komár

légy

mucha

hangya

mravec

méhecske

včela

pók

pavúk

bogár

chrobák

béka

žaba

mókus

veverička

sündisznó

jež

nyúl

zajac

bagoly

sova

madár

vták

hattyú

labuť

vaddisznó

diviak

szarvas

jeleň

rénszarvas

los

gát

hrádza

szélturbina

veterná turbína

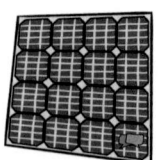

napelem

solárny panel

éghajlat

podnebie

étterem
reštaurácia

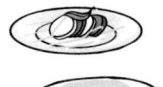

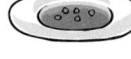

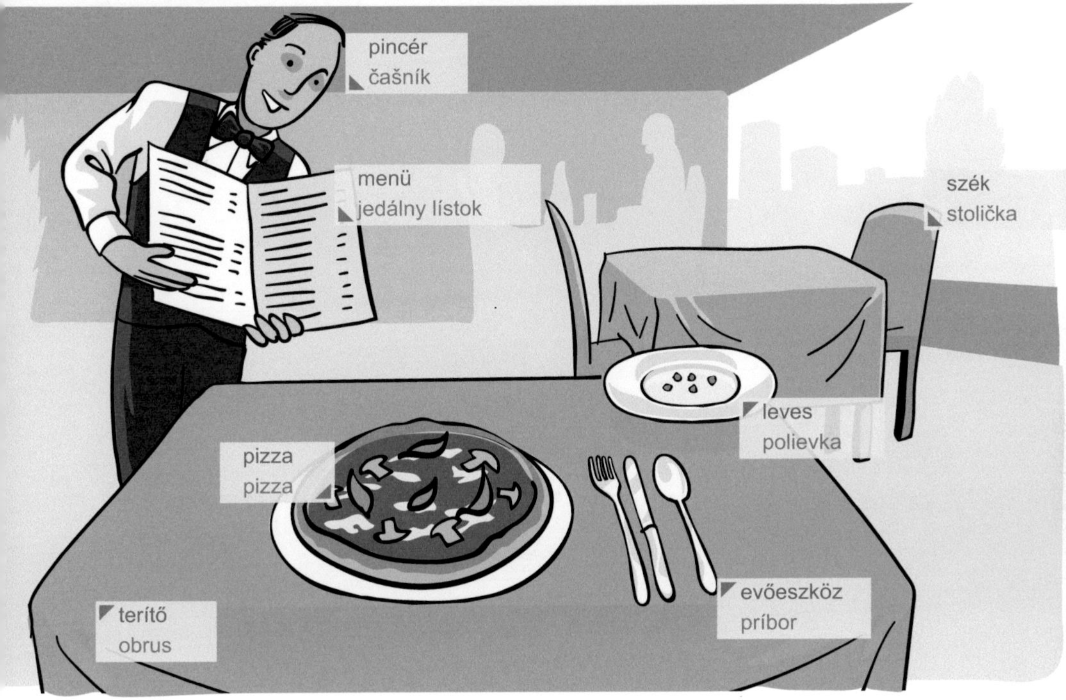
pincér
čašník
menü
jedálny lístok
szék
stolička
leves
polievka
pizza
pizza
evőeszköz
príbor
terítő
obrus

előétel

predjedlo

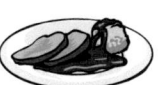

főétel

hlavné jedlo

desszert

zákusok

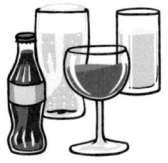

italok

nápoje

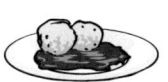

étel

jedlo

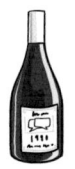

üveg

fľaša

gyorsétel

fast-food

gyorsétel

street food

teás kanna

kanvica na čaj

cukortartó

cukornička

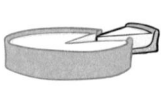

adag

porcia

eszpresszógép

stroj na espresso

bárszék

detská stolička

számla

účet

tálca

podnos

kés

nôž

villa

vidlička

kanál

lyžica

teáskanál

čajová lyžička

szalvéta

obrúsok

pohár

pohár

tányér

tanier

leveses tányér

hlboký tanier

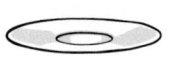

csészealj

podšálka

szósz

omáčka

sószóró

soľnička

borsőrlő

mlynček na korenie

ecet

ocot

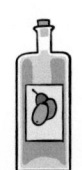

étkezési olaj

olej

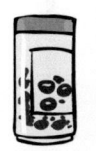

fűszerek

korenie

ketchup

kečup

mustár

horčica

majonéz

majonéza

szupermarket
supermarket

különleges ajánlat
špeciálna ponuka
ügyfél
klient
tejtermék
mliečne výrobky
gyümölcsök
ovocie
bevásárló kocsi
nákupný vozík
FOR

BUTCHERS

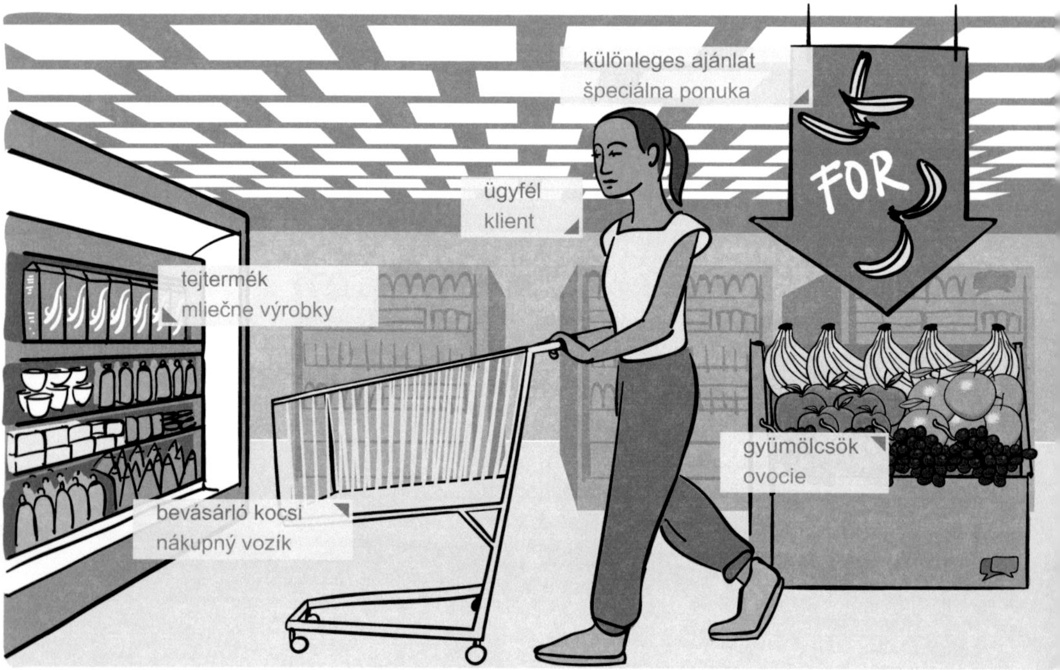

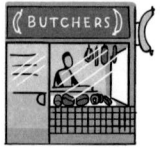

hentes

mäsiarstvo

BAKERY

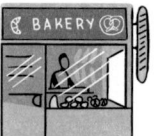

pékség

pekáreň

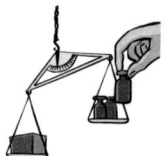

nyom valamennyit

vážiť

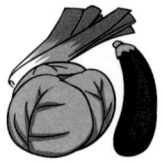

zöldség

zelenina

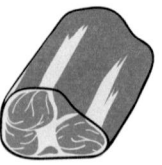

hús

mäso

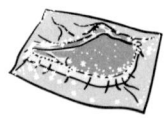

fagyasztott áru

mrazené potraviny

felvágott

nárez

konzerv

konzervy

mosópor

prací prostriedok

édességek

sladkosti

háztartási termék

domáce potreby

tisztítószerek

čistiace prostriedky

eladó

predavačka

pénztárgép

pokladňa

eladó

pokladník

bevásárló lista

nákupný zoznam

nyitva tartás

otváracie hodiny

levéltárca

peňaženka

hitelkártya

kreditná karta

zacskó

taška

műanyag zacskó

plastové vrecko

víz

voda

gyümölcslé

džús

tej

mlieko

kóla

kola

bor

víno

sör

pivo

alkohol

alkohol

kakaó

kakao

tea

čaj

kávé

káva

eszpresszó

espresso

kapucsínó

kapučíno

banán

banán

alma

jablko

narancs

pomaranč

sárgadinnye

melón

citrom

citrón

sárgarépa

mrkva

fokhagyma

cesnak

bambusz

bambus

hagyma

cibuľa

gomba

hríb

magvak

orechy

nokedli

rezance

spagetti

špagety

rizs

ryža

saláta

šalát

sült krumpli

hranolky

sült burgonya

pečené zemiaky

pizza

pizza

hamburger

hamburger

szendvics

obložený chlebík

hússzelet

rezeň

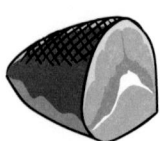

sonka

šunka

szalámi

saláma

kolbász

klobása

csirke

kurča

pecsenye

pečené mäso

hal

ryba

zabkása

ovsené vločky

müzli

müsli

kukoricapehely

kukuričné lupienky

liszt

múka

croissant

croissant

zsemle

pečivo

kenyér

chlieb

pirítós kenyér

hrianka

keksz

sušienky

vaj

maslo

túró

tvaroh

sütemény

koláč

tojás

vajce

tükörtojás

volské oko

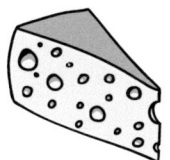

sajt

syr

jégkrém

zmrzlina

cukor

cukor

méz

med

lekvár

lekvár

mogyorókrém

nugátová nátierka

curry

karí korenie

étel - jedlo

gazdálkodás

farma

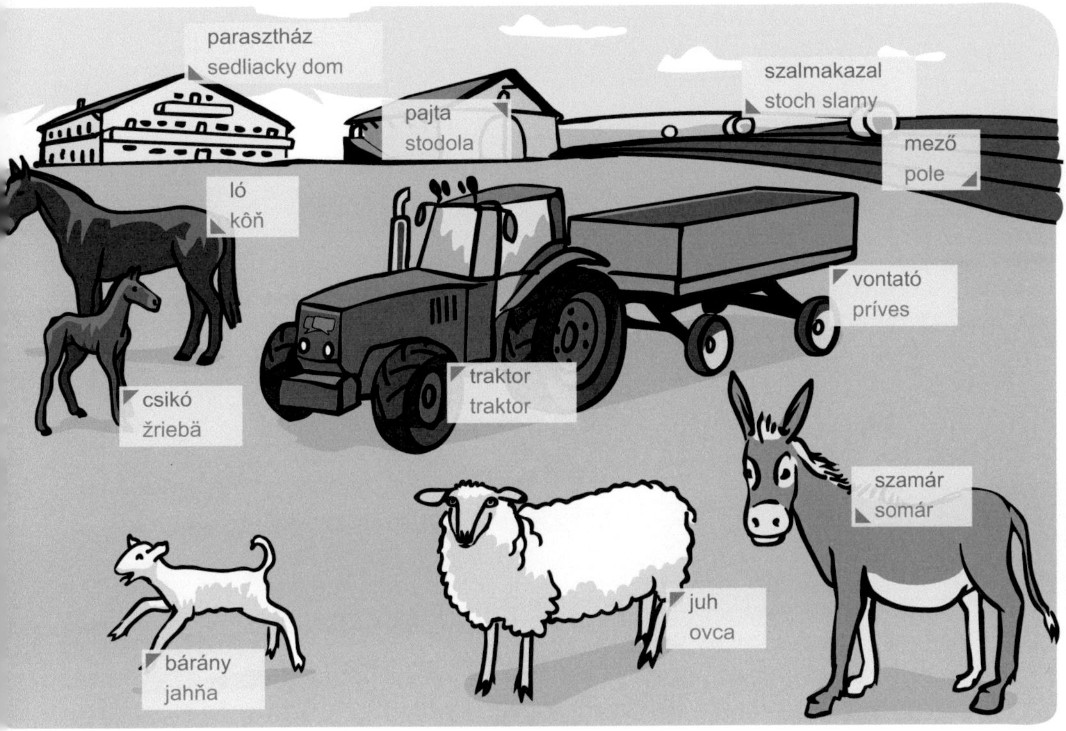

parasztház
sedliacky dom
pajta
stodola
szalmakazal
stoch slamy
mező
pole
ló
kôň
vontató
príves
traktor
traktor
csikó
žriebä
szamár
somár
juh
ovca
bárány
jahňa

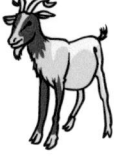

kecske

koza

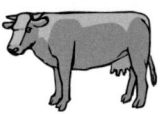

tehén

krava

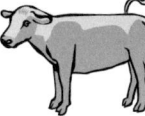

borjú

teľa

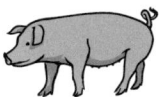

malac

prasa

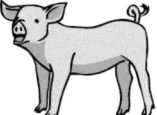

kismalac

prasiatko

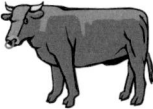

bika

býk

liba

hus

kacsa

kačica

csibe

kuriatko

tojó

sliepka

kakas

kohút

patkány

potkan

macska

mačka

egér

myš

ökör

vôl

kutya

pes

kutyaház

psia búda

kerti öntözőcső

záhradná hadica

öntözőkanna

krhla

kasza

kosa

eke

pluh

sarló

kosák

kapa

motyka

vasvilla

vidly na hnoj

fejsze

sekera

talicska

fúrik

teknő

koryto

tejes kancsó

kanva na mlieko

zsák

vrece

kerítés

plot

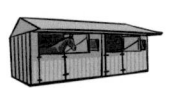

istálló

maštaľ

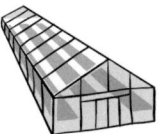

üvegház

skleník

talaj

pôda

vetőmag

osivo

trágya

hnojivo

cséplőgép

kombajn

szüretelni

žať

betakarítás

žatva

yamgyökér

batát

búza

pšenica

szója

sója

burgonya

zemiak

kukorica

kukurica

repcemag

repka

gyümölcsfa

ovocný strom

manióka

maniok

gabona

obilie

ház
dom

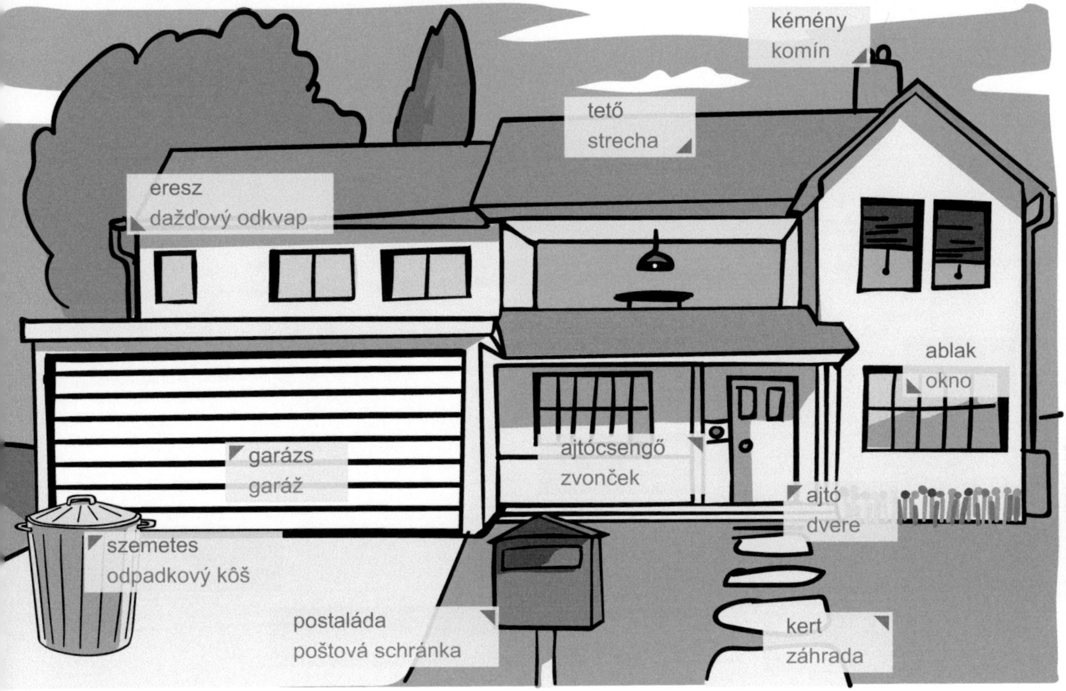
kémény
komín
tető
strecha
eresz
dažďový odkvap
ablak
okno
garázs
garáž
ajtócsengő
zvonček
ajtó
dvere
szemetes
odpadkový kôš
postaláda
poštová schránka
kert
záhrada

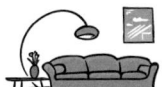

nappali
obývačka

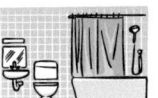

fürdőszoba
kúpeľňa

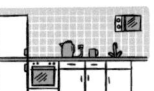

konyha
kuchyňa

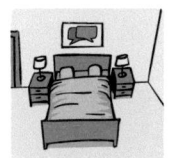

hálószoba
spálňa

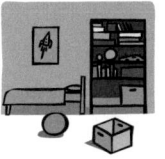

gyerekszoba
detská izba

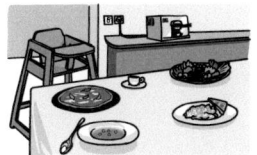

ebédlő
jedáleň

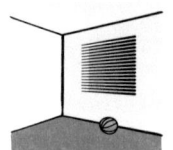

padló

podlaha

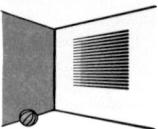

fal

stena

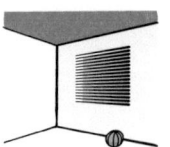

plafon

strop

pince

pivnica

szauna

sauna

erkély

balkón

terasz

terasa

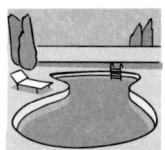

medence

bazén

fűnyíró

kosačka

lepedő

obliečka

ágytakaró

posteľná prikrývka

ágy

posteľ

seprű

metla

vödör

vedro

kapcsoló

vypínač

ház - dom

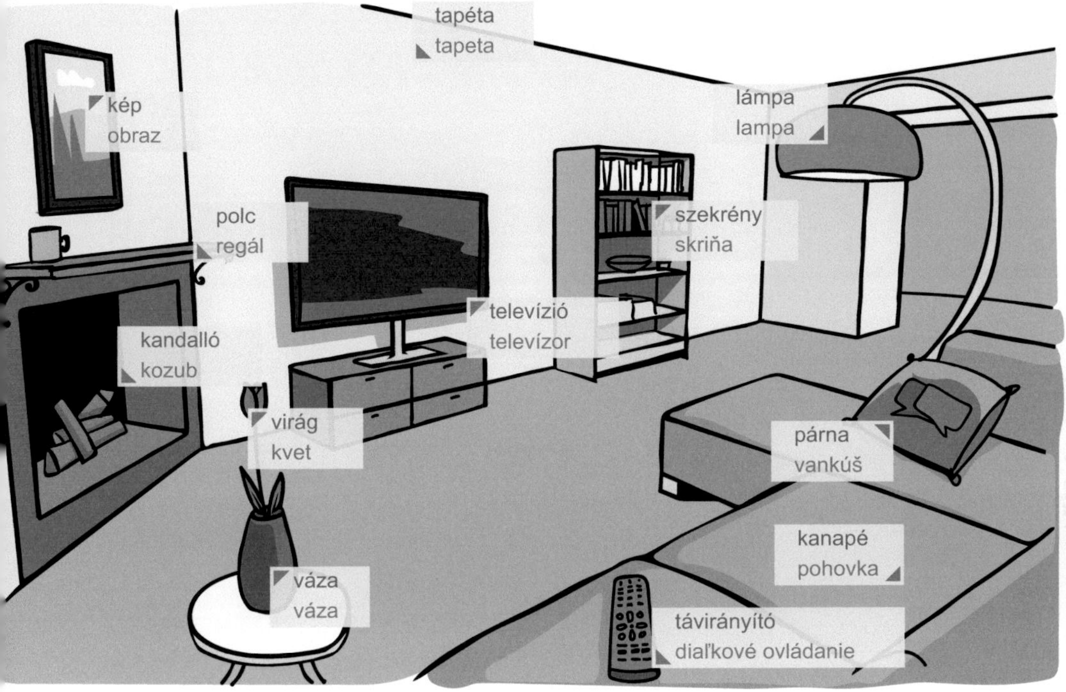

tapéta
tapeta

kép
obraz

lámpa
lampa

polc
regál

szekrény
skriňa

kandalló
kozub

televízió
televízor

virág
kvet

párna
vankúš

kanapé
pohovka

váza
váza

távirányító
diaľkové ovládanie

szőnyeg
koberec

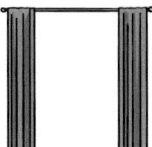

függöny
záclona

asztal
stôl

szék
stolička

hintaszék
hojdacie kreslo

karosszék
kreslo

könyv

kniha

takaró

prikrývka

dekoráció

dekorácia

tűzifa

drevo na kúrenie

film

film

hifi

hi-fi veža

kulcs

kľúč

újság

noviny

festmény

maľba

poszter

plagát

rádió

rádio

jegyzetfüzet

zápisník

porszívó

vysávač

kaktusz

kaktus

gyertya

sviečka

konyha
kuchyňa

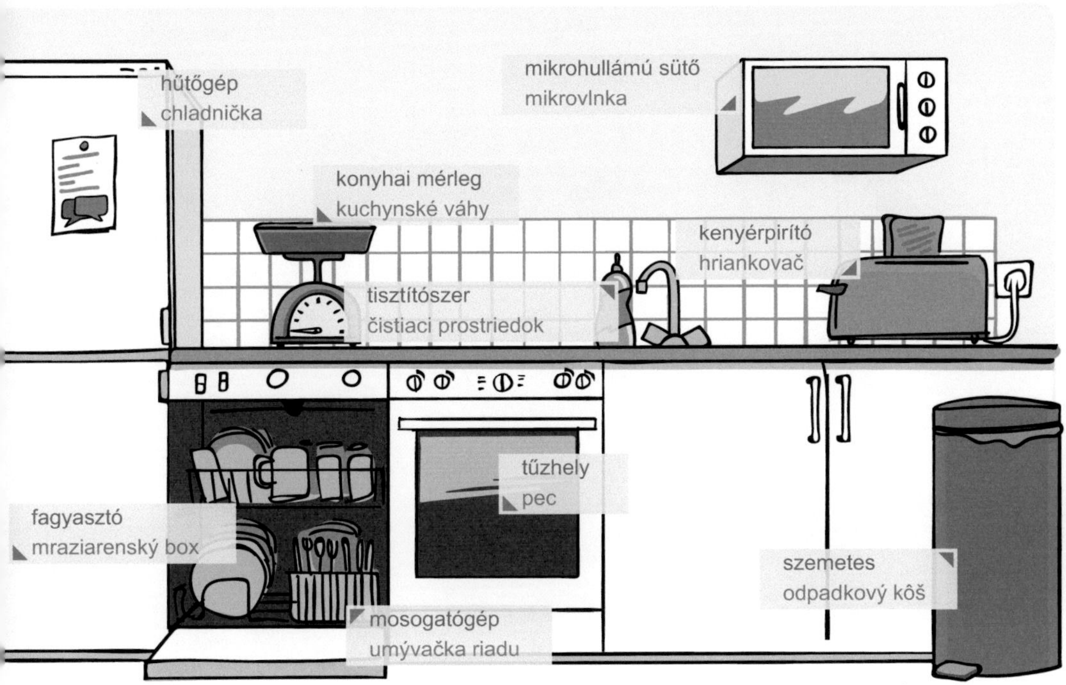
hűtőgép
chladnička
mikrohullámú sütő
mikrovlnka
konyhai mérleg
kuchynské váhy
kenyérpirító
hriankovač
tisztítószer
čistiaci prostriedok
tűzhely
pec
fagyasztó
mraziarenský box
szemetes
odpadkový kôš
mosogatógép
umývačka riadu

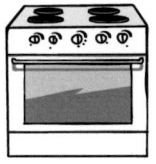

tűzhely

sporák

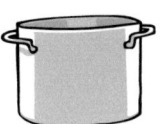

edény

hrniec

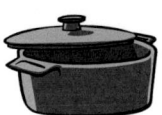

vasfazék

železný hrniec

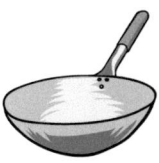

wok / kadai

wok / kadai

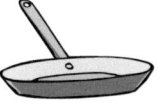

serpenyő

panvica

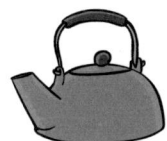

vízforraló

rýchlovarná kanvica

pároló

parný hrniec

tepsi

plech na pečenie

étkészlet

riad

bögre

pohár

tálka

misa

evőpálcika

paličky

merőkanál

naberačka na polievku

keverőlapátka

stierka

habverő

metlička

szűrő

cedidlo

szita

sitko

reszelő

strúhadlo

mozsár

mažiar

grillsütő

gril

kandalló

ohnisko

vágódeszka

doska na krájanie

sodrófa

valček na cesto

dugóhúzó

vývrtka

doboz

konzerva

konzervnyitó

otvárač na konzervy

edényfogó

chňapka

mosogató

výlevka

kefe

kefa

szivacs

hubka

turmixgép

mixér

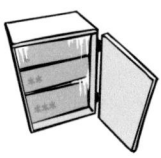

mélyhűtő

mraznička

cumisüveg

kojenecká fľaša

csap

vodovodný kohútik

konyha - kuchyňa

fürdőszoba
kúpeľňa

zuhany
sprcha
fűtés
kúrenie
törölköző
uterák
zuhanyfüggöny
sprchový záves
habfürdő
pena do kúpeľa
kád
vaňa
pohár
pohár
mosógép
práčka
csap
vodovodný kohútik
csempe
dlaždice
bili
nočník
mosogató
výlevka

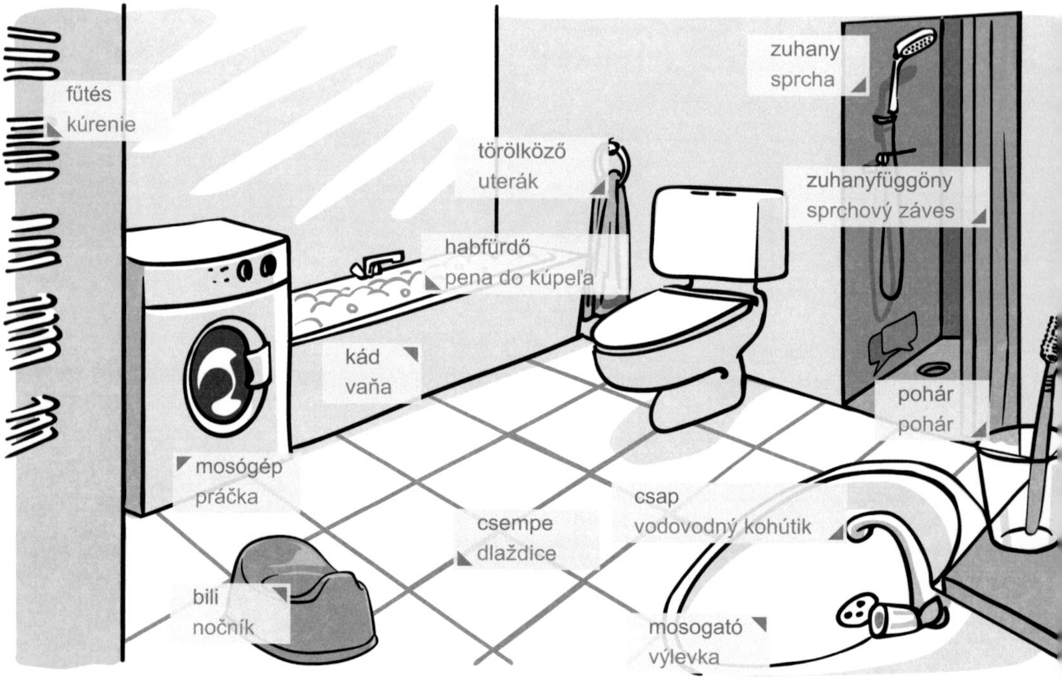

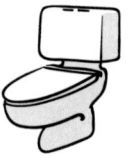

toalett

záchod

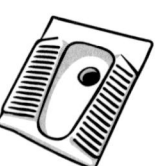

guggolós toalett

suchý záchod

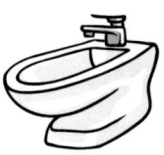

bidé

bidet

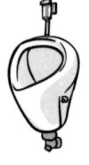

piszoár

pisoár

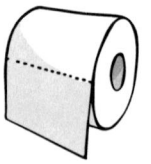

toalett papír

toaletný papier

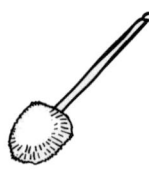

wc kefe

záchodová kefa

fogkefe

zubná kefka

fogkrém

zubná pasta

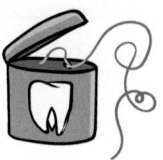

fogselyem

dentálna niť

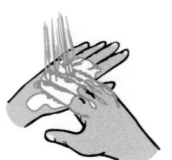

mosni

umývať

kézi zuhany

ručná sprcha

intimzuhany

sprcha pre intímnu hygienu

mosdótál

umývadlo

hátmosó kefe

kefa na chrbát

szappan

mydlo

tusfürdő

sprchový gél

sampon

šampón

mosdókesztyű

frotírová rukavica

lefolyó

odtok

krém

krém

dezodor

dezodorant

tükör

zrkadlo

kézitükör

kozmetické zrkadlo

borotva

žiletka

borotvahab

pena na holenie

borotválkozás utáni
arcszesz
voda po holení

fésű

hrebeň

hajkefe

kefa

hajszárító

sušič vlasov

hajlakk

sprej na vlasy

smink

make-up

ajakrúzs

rúž

körömlakk

lak na nechty

vatta

vata

körömvágó olló

nožnice na nechty

parfüm

parfum

neszesszer

kozmetická taška

sámli

stolček

mérleg

váha

köntös

kúpací plášť

gumikesztyű

gumové rukavice

tampon

tampón

egészségügyi betét

menštruačná vložka

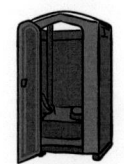

vegyi WC

chemické WC

gyerekszoba
detská izba

ébresztő óra
budík
plüssállat
plyšová hračka
játékautó
hračkárske auto
csörgő
hrkálka
babaház
domček pre bábiky
ajándék
dar

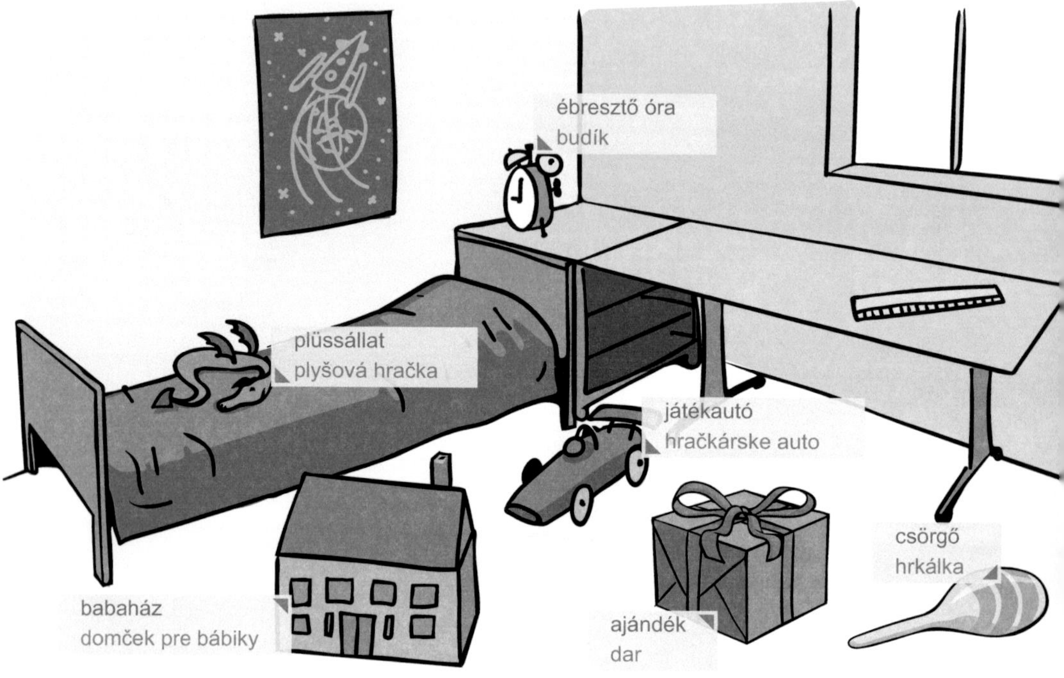

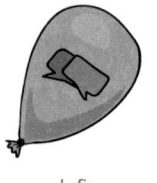

lufi

balón

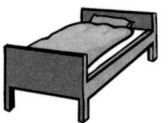

ágy

posteľ

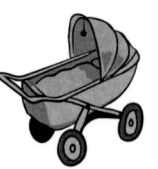

babakocsi

detský kočík

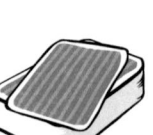

kártyapakli

karty

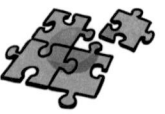

kirakós játék

puzzle

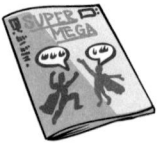

képregény

komix

építőkockák

skladačka lego

építőelem

stavebnica

szuperhős

akčná postavička

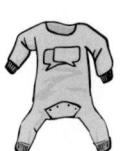

rugdalózó

dupačky

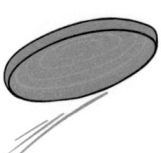

frizbi

lietajúci tanier

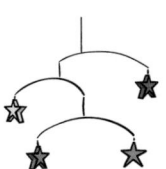

zenélő forgó

závesné hračky

társasjáték

stolová hra

kocka

kocka

modellvasút

modelový vláčik

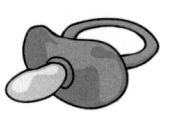

cumi

cumlík

zsúr

párty

képeskönyv

obrázková kniha

labda

lopta

baba

bábika

játszani

hrať sa

homokozó

pieskovisko

hinta

hojdačka

játékok

hračky

videójáték konzol

hracia konzola

tricikli

trojkolka

teddi maci

medvedík

ruhásszekrény

šatník

ruházat
šatstvo

zokni

ponožky

harisnya

pančuchy

harisnyanadrág

pančuchové nohavičky

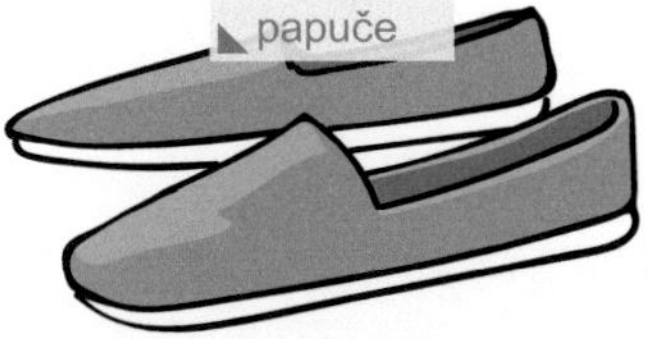

sál
šál

esernyő
dáždnik

póló
tričko

öv
opasok

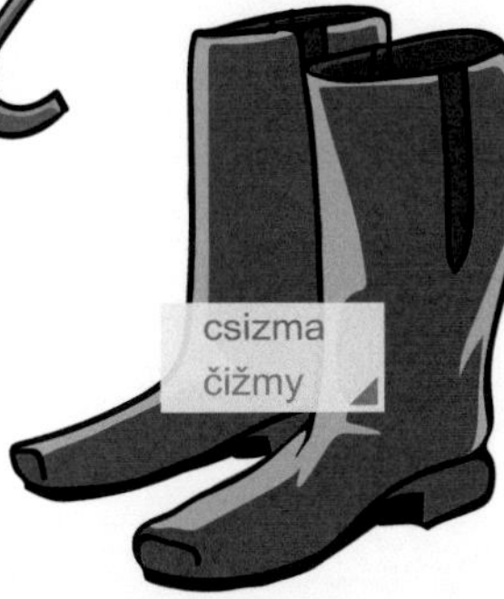

csizma
čižmy

papucs
papuče

tornacipő
tenisky

szandál
sandále

cipő
topánky

gumicsizma
gumáky

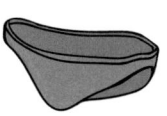

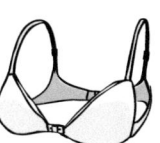

alsónadrág
spodky

melltartó
podprsenka

mellény
tielko

body

body

nadrág

nohavice

farmer

džínsy

szoknya

sukňa

blúz

blúzka

ing

košeľa

pulóver

pulóver

kapucnis pulóver

sveter

blézer

blejzer

dzseki

bunda

kabát

kabát

esőkabát

pršiplášť

kosztüm

kostým

ruha

šaty

esküvői ruha

svadobné šaty

öltöny

oblek

hálóing

nočná košeľa

pizsama

pyžamo

szári

sari

fejkendő

šatka na hlavu

turbán

turban

burka

burka

kaftán

kaftan

abaya

abaja

fürdőruha

dvojdielne plavky

fürdőnadrág

plavky

rövidnadrág

šortky

tréningruha

tepláková súprava

kötény

zástera

kesztyű

rukavice

gomb

gombík

szemüveg

okuliare

karkötő

náramok

nyaklánc

retiazka

gyűrű

prsteň

fülbevaló

náušnica

sapka

čiapka

vállfa

vešiak

kalap

klobúk

nyakkendő

kravata

cipzár

zips

bukósisak

prilba

nadrágtartó

traky

iskolai egyenruha

školská uniforma

egyenruha

uniforma

előke
....
podbradník

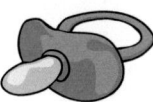

cumi
....
cumlík

pelenka
....
plienka

iroda
kancelária

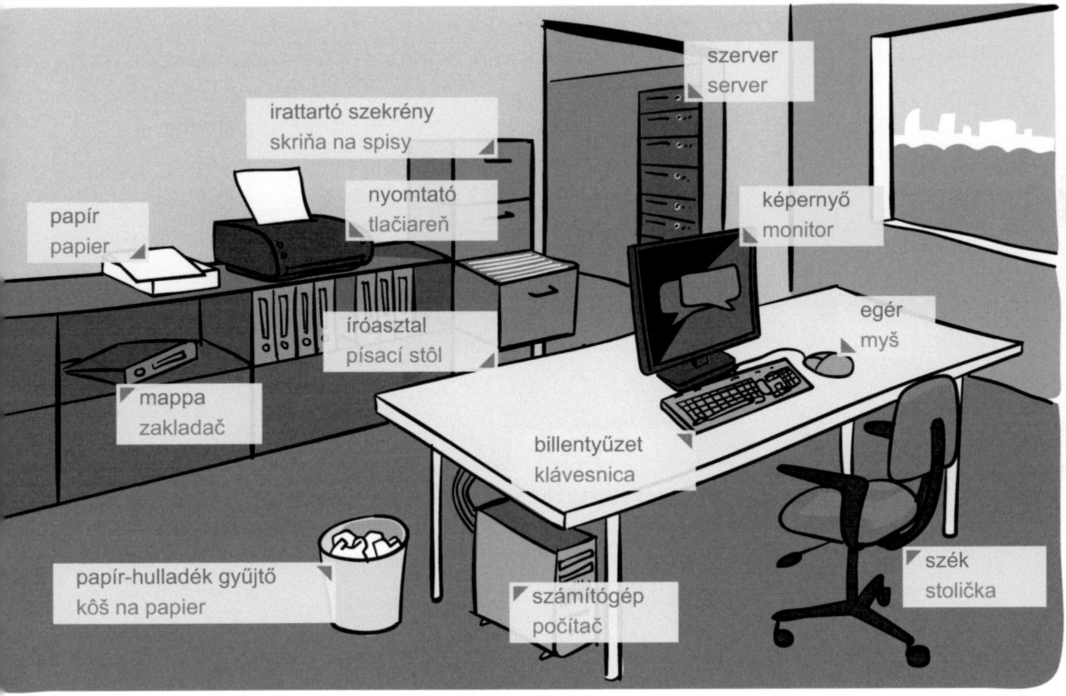

szerver
server

irattartó szekrény
skriňa na spisy

nyomtató
tlačiareň

képernyő
monitor

papír
papier

egér
myš

íróasztal
písací stôl

mappa
zakladač

billentyűzet
klávesnica

szék
stolička

papír-hulladék gyűjtő
kôš na papier

számítógép
počítač

kávéscsésze
....
hrnček na kávu

számológép
....
kalkulačka

internet
....
internet

laptop

laptop

levél

list

üzenet

správa

mobiltelefon

mobil

hálózat

sieť

fénymásoló

kopírka

szoftver

softvér

telefon

telefón

konnektor

elektrická zásuvka

faxgép

fax

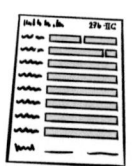

formanyomtatvány

formulár

dokumentum

doklad

venni

kúpiť

fizetni

platiť

kereskedni

obchodovať

pénz

peniaze

dollár

dolár

euró

euro

jen

jen

rubel

rubeľ

svájci frank

švajčiarsky frank

kínai jüan

čínsky jüan

rúpia

rupia

bankautomata

bankomat

valutaváltó iroda

zmenáreň

arany

zlato

ezüst

striebro

olaj

ropa

energia

energia

ár

cena

szerződés

zmluva

adó

daň

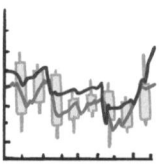

részvény

akcia

dolgozni

pracovať

munkavállaló

zamestnanec

munkaadó

zamestnávateľ

gyár

továreň

üzlet

obchod

foglalkozások
povolania

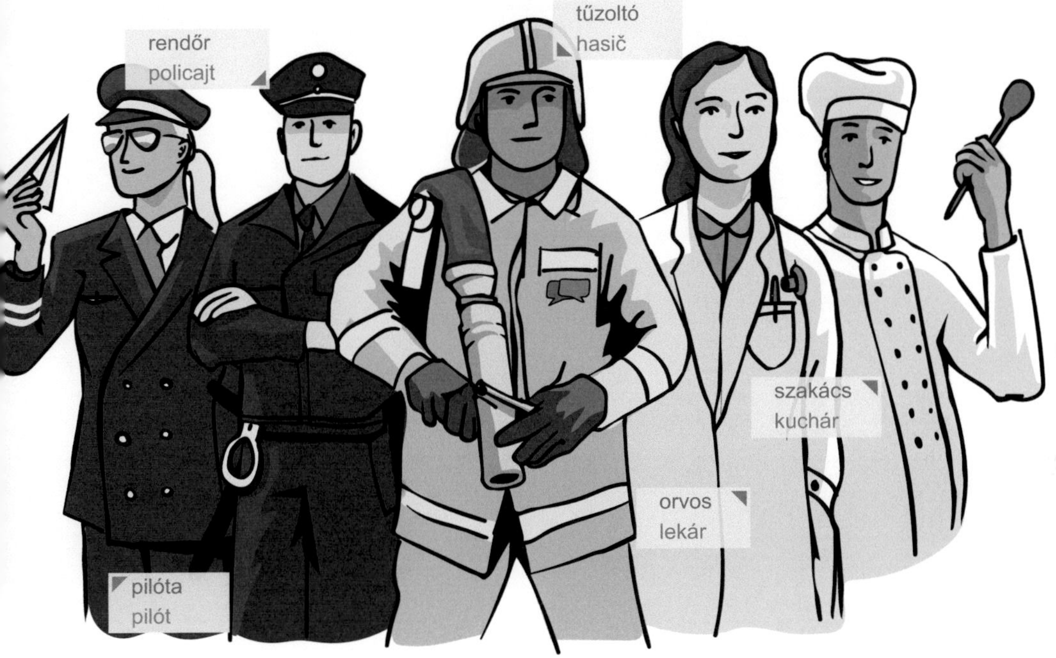

rendőr
policajt
tűzoltó
hasič
szakács
kuchár
orvos
lekár
pilóta
pilót

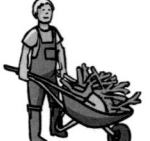

kertész

záhradník

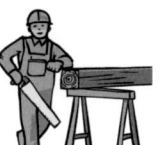

kárpitos

stolár

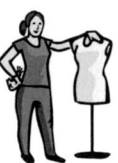

varrónő

krajčírka

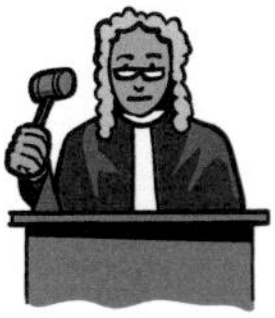

bíró

sudca

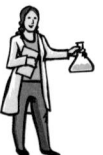

vegyész

chemik

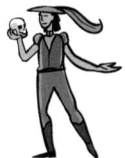

színész

herec

buszsofőr

vodič autobusu

taxisofőr

taxikár

halász

rybár

bejárónő

upratovačka

tetőfedő

pokrývač

pincér

čašník

vadász

poľovník

festő

maliar

pék

pekár

villanyszerelő

elektrikár

építőmunkás

stavebný robotník

mérnök

inžinier

hentes

mäsiar

vízvezeték-szerelő

klampiar

postás

poštár

katona

vojak

építész

architekt

eladó

pokladník

virágos

kvetinár

fodrász

kaderník

kalauz

sprievodca

műszerész

mechanik

kapitány

kapitán

fogorvos

zubár

tudós

vedec

rabbi

rabín

imám

imám

szerzetes

mních

lelkész

farár

szerszámok
náradie

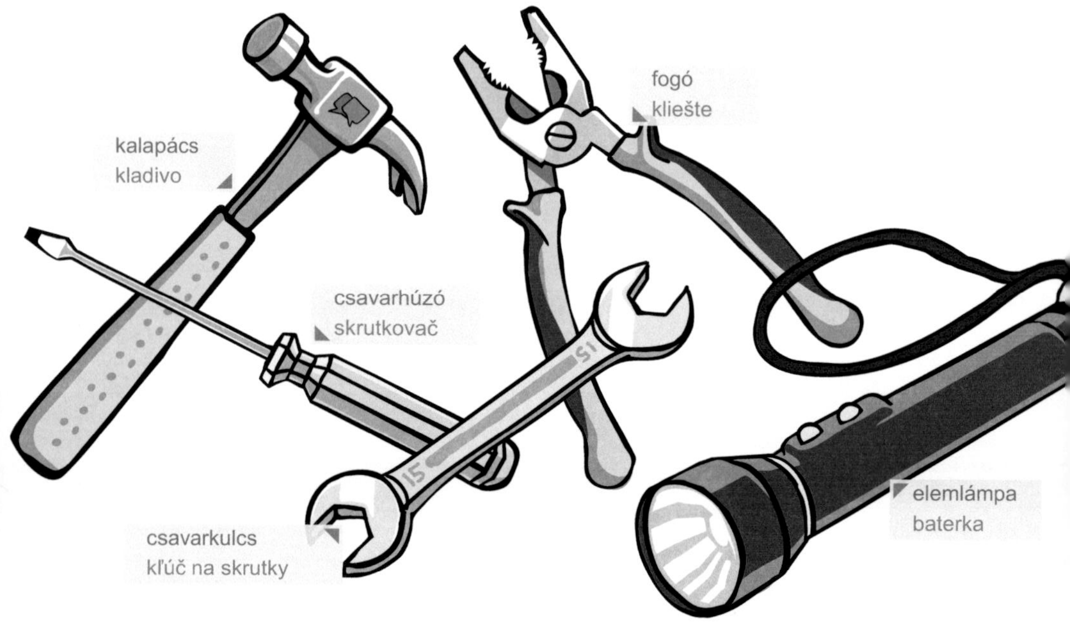

kalapács
kladivo
fogó
kliešte
csavarhúzó
skrutkovač
elemlámpa
baterka
csavarkulcs
kľúč na skrutky

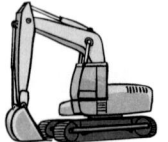

markológép

bager

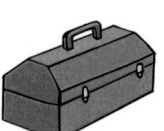

szerszámosláda

súprava náradia

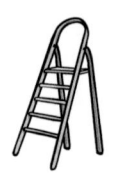

vödör

rebrík

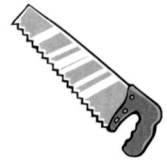

fűrész

pílka

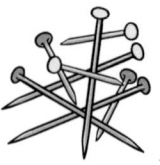

szög

klince

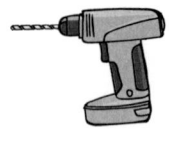

fúrógép

vrták

megjavítani

opraviť

lapát

lopata

A francba!

Do čerta!

szemétlapát

lopatka na smeti

festékesdoboz

nádoba s farbou

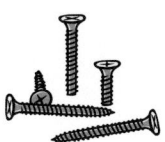

csavar

skrutky

hangszerek

hudobné nástroje

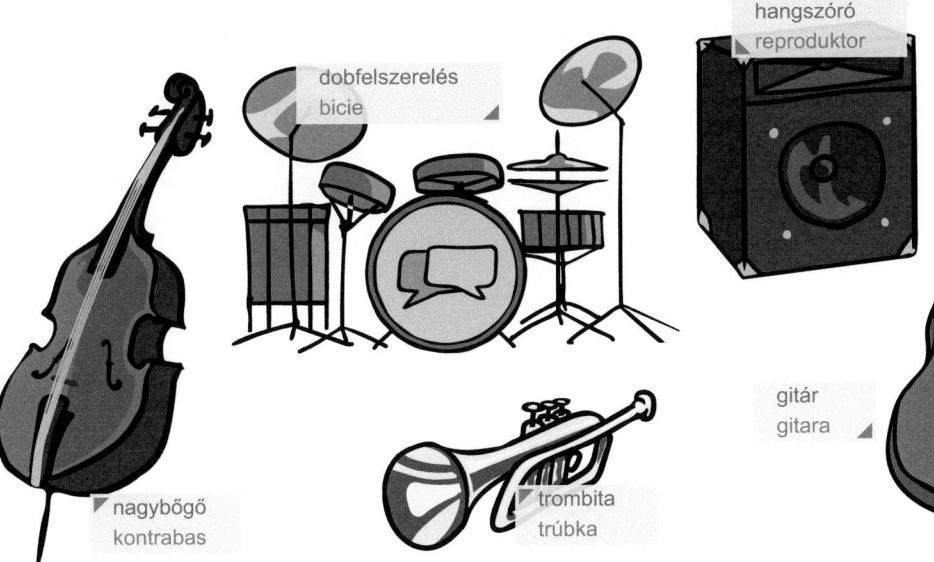

hangszóró
reproduktor

dobfelszerelés
bicie

gitár
gitara

nagybőgő
kontrabas

trombita
trúbka

zongora

klavír

hegedű

husle

basszusgitár

basa

üstdob

tympany

dobok

bubon

digitális zongora

klávesnica

szaxofon

saxofón

fuvola

flauta

mikrofon

mikrofón

állatkert
ZOO

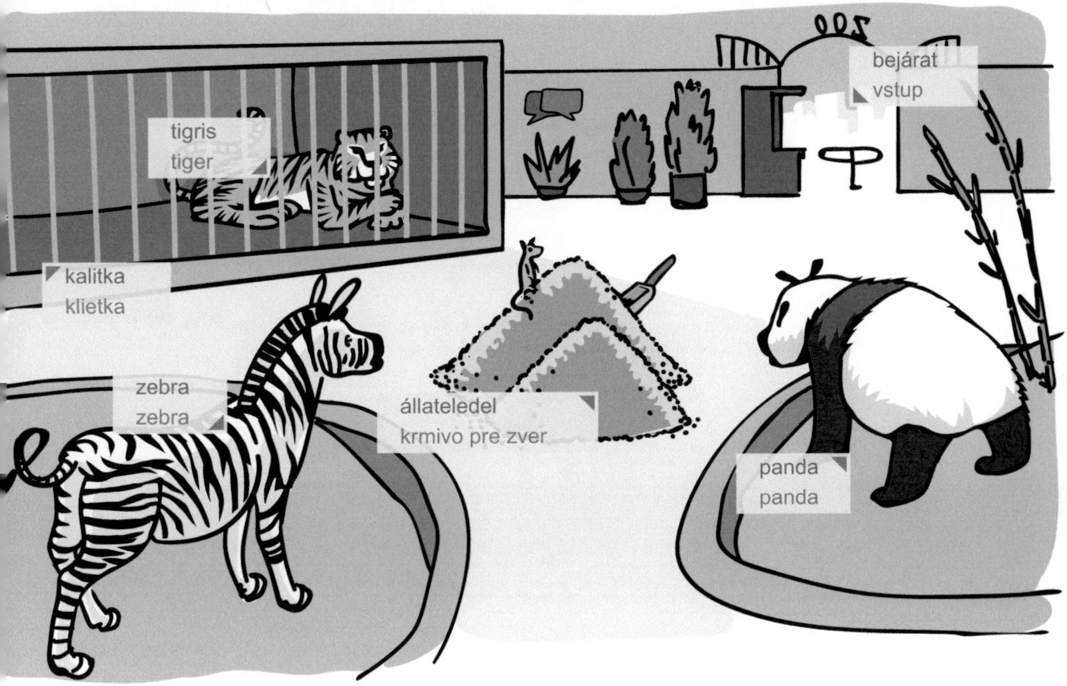
bejárat
vstup
tigris
tiger
kalitka
klietka
zebra
zebra
állateledel
krmivo pre zver
panda
panda

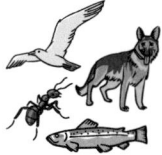

állatok

zvieratá

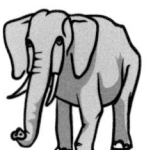

elefánt

slon

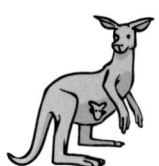

kenguru

klokan

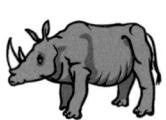

orrszarvú

nosorožec

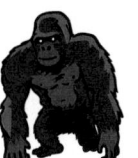

gorilla

gorila

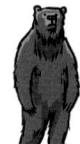

medve

medveď

teve

ťava

strucc

pštros

oroszlán

lev

majom

opica

flamingó

plameniak

papagáj

papagáj

jegesmedve

ľadový medveď

pingvin

tučniak

cápa

žralok

páva

páv

kígyó

had

krokodil

krokodíl

állatgondozó

ošetrovateľ v ZOO

fóka

tuleň

jaguár

jaguár

póniló

poník

leopárd

leopard

víziló

hroch

zsiráf

žirafa

sas

orol

vaddisznó

diviak

hal

ryba

teknős

korytnačka

rozmár

mrož

róka

líška

gazella

gazela

amerikai futball
americký futbal

kerékpározás
cyklistika

tenisz
tenis

kosárlabda
basketbal

úszás
plávanie

boksz
box

jégkorong
hokej

futball
futbal

tollas
bedminton

atlétika
ľahká atletika

kézilabda
hádzaná

síelés
lyžovanie

lovaspóló
pólo

tevékenységek
aktivity

ugrani
skočiť
ölelni
objať
nevetni
smiať sa
sétálni
chodiť
énekelni
spievať
álmodni
snívať
dicsérni
modliť sa
csókolni
pobozkať

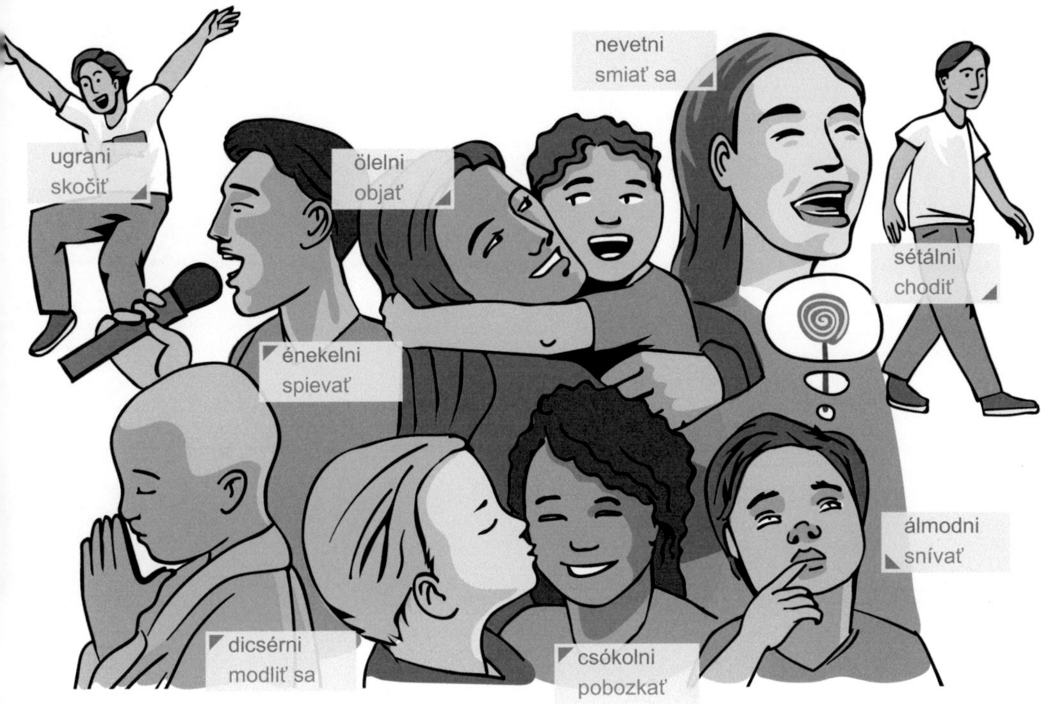

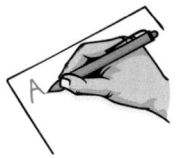

írni

písať

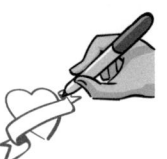

rajzolni

kresliť

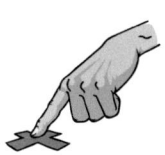

mutatni

ukázať

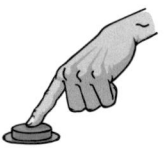

tolni

tlačiť

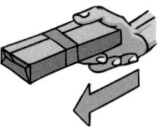

adni

dať

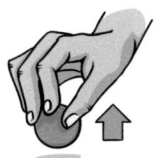

vinni

brať

birtokolni

mať

csinálni

robiť

lenni

byť

állni

stáť

futni

bežať

húzni

ťahať

hajít

hádzať

esni

padnúť

hazudni

ležať

várni

čakať

vinni

nosiť

ülni

sedieť

felvenni

obliecť sa

aludni

spať

felébredni

zobudiť sa

ránézni

pozerať

sírni

plakať

simogat

hladkať

fésülni

česať

beszélni

hovoriť

megérteni

rozumieť

kérdezni

pýtať sa

hallgatni

počuť

inni

piť

enni

jesť

takarítani

upratať

szeretni

milovať

főzni

variť

vezetni

jazdiť

szállni

letieť

vitorlázni

plachtiť

számol

počítať

olvasni

čítať

tanulni

učiť sa

dolgozni

pracovať

házasodni

oženiť

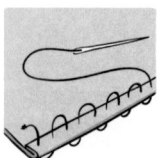

varrni

šiť

fogat mosni

čistiť zuby

ölni

zabiť

dohányozni

fajčiť

küldeni

poslať

család
rodina

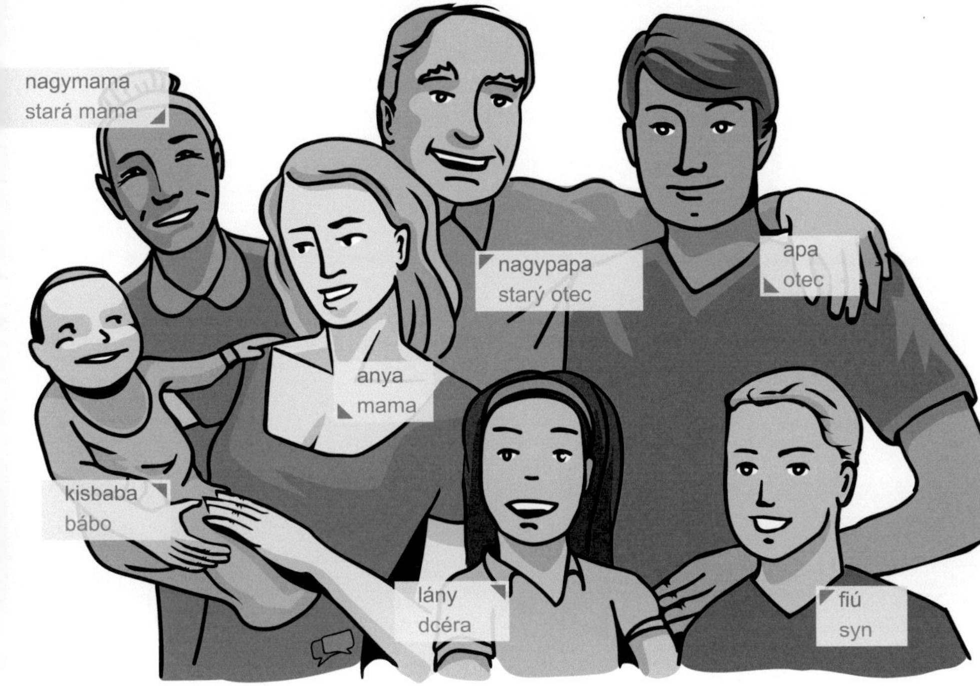
nagymama
stará mama
nagypapa
starý otec
apa
otec
anya
mama
kisbaba
bábo
lány
dcéra
fiú
syn

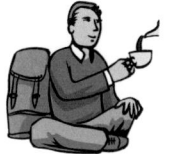

vendég

hosť

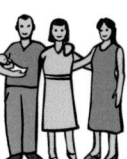

nagynéni

teta

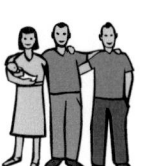

nagybácsi

strýko

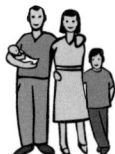

fiútestvér

brat

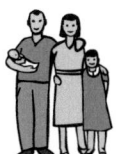

lánytestvér

sestra

test
telo

homlok
čelo
szem
oko
arc
tvár
áll
brada
mell
hruď
ujj
prst
kéz
ruka
kar
rameno
váll
plece
láb
noha

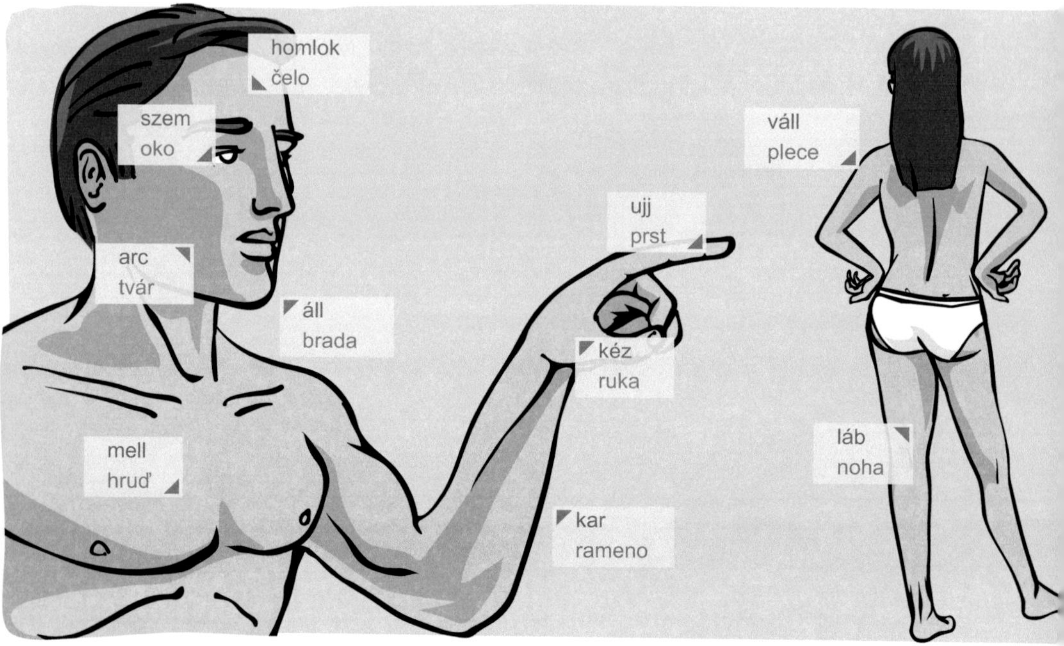

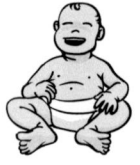

kisbaba

bábo

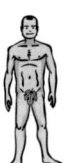

ember

muž

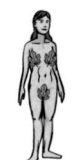

nő

žena

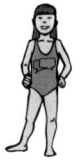

lány

dievča

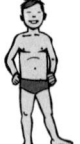

fiú

chlapec

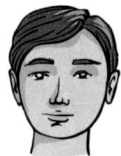

fej

hlava

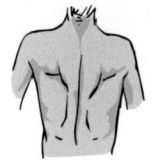

hát

chrbát

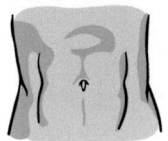

has

brucho

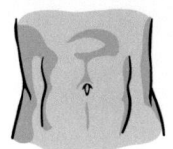

köldök

pupok

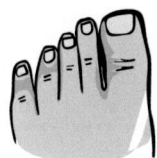

lábujj

prst na nohe

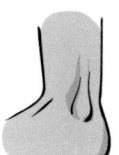

sarok

päta

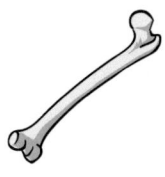

csont

kosť

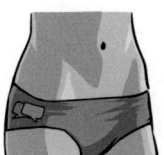

csípő

bok

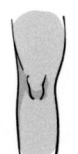

térd

koleno

könyök

lakeť

orr

nos

fenék

zadok

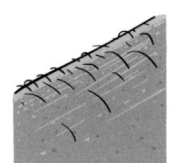

bőr

koža

orca

líce

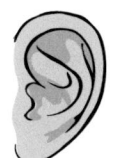

fül

ucho

ajak

pery

száj

ústa

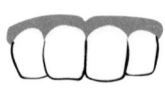

fog

zub

nyelv

jazyk

agy

mozog

szív

srdce

izom

svaly

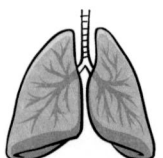

tüdő

pľúca

máj

pečeň

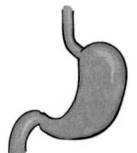

gyomor

žalúdok

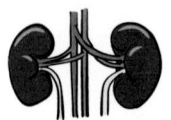

vese

obličky

szex

pohlavný styk

kondom

kondóm

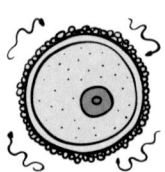

petesejt

vaječná bunka

sperma

semeno

terhesség

tehotenstvo

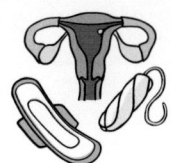

menstruáció

menštruácia

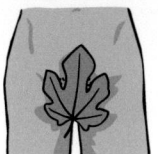

vagina

vagína

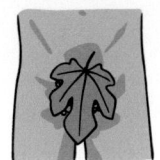

pénisz

penis

szemöldök

obočie

haj

vlasy

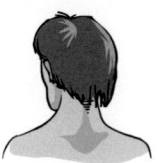

nyak

krk

kórház

nemocnica

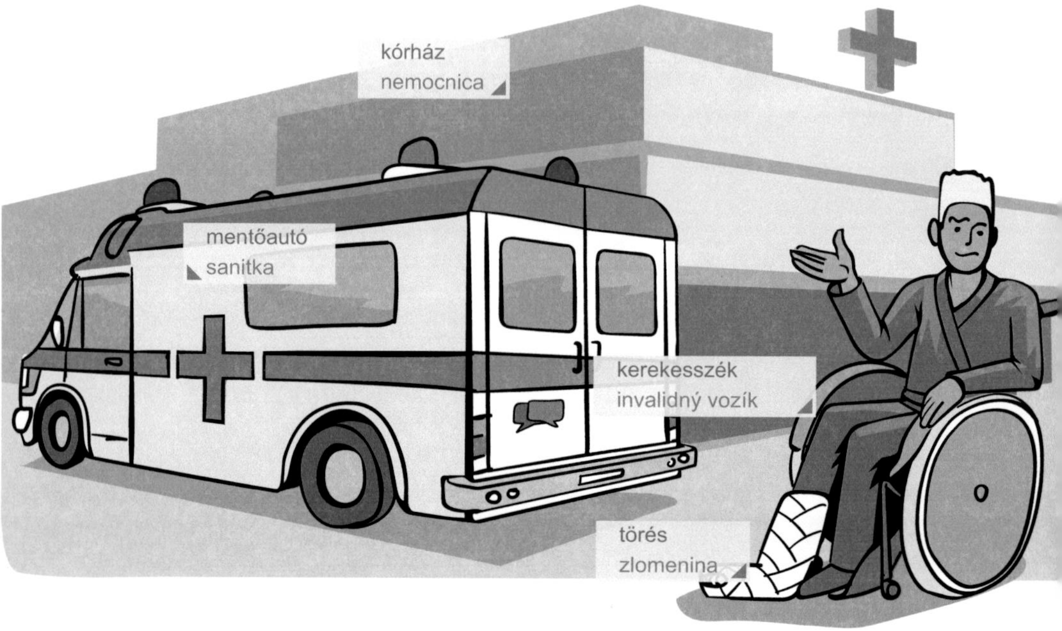

kórház
nemocnica
mentőautó
sanitka
kerekesszék
invalidný vozík
törés
zlomenina

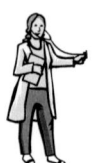

orvos
lekár

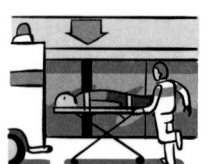

sürgősségi osztály
urgentný príjem

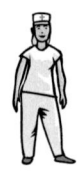

ápoló
sestrička

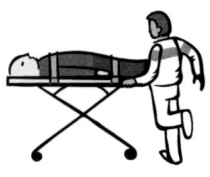

vészhelyzet
urgentný prípad

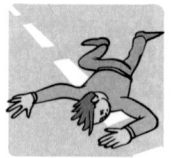

eszméletlen
v bezvedomí

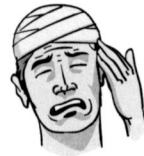

fájdalom
bolesť

sérülés

zranenie

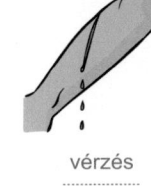

vérzés

krvácanie

szívroham

srdcový infarkt

szélütés

mozgová porážka

allergia

alergia

köhögés

kašeľ

láz

teplota

influenza

chrípka

hasmenés

hnačka

fejfájás

bolesť hlavy

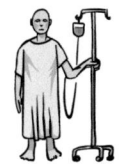

rák

rakovina

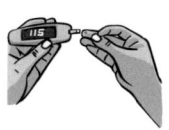

cukorbetegség

cukrovka

sebész

chirurg

szike

skalpel

műtét

operácia

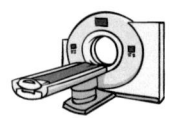

CT

CT

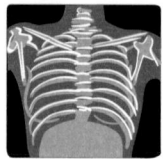

röntgen

RTG

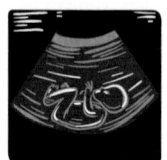

ultrahang

ultrazvuk

arcmaszk

maska

betegség

choroba

váróterem

čakáreň

mankó

barla

sebtapasz

náplasť

kötszer

obväz

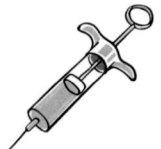

injekció

injekcia

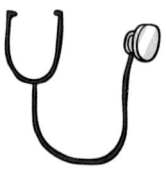

sztetoszkóp

fonendoskop

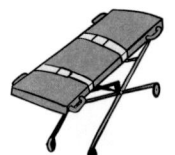

hordágy

nosidlá

klinikai hőmérő

teplomer

születés

pôrod

túlsúly

nadváha

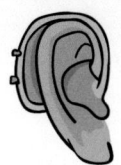

hallókészülék

audiofón

fertőtlenítőszer

dezinfekčný prostriedok

fertőzés

infekcia

vírus

vírus

HIV/AIDS

HIV / AIDS

orvosság

medicína

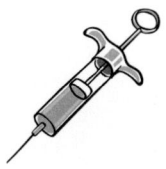

oltás

očkovanie

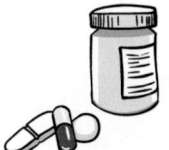

tabletták

tabletky

tabletta

antikoncepčná pilulka

sürgősségi hívás

tiesňové volanie

vérnyomásmérő

tlakomer

betegség / egészség

chorý / zdravý

Segítség!

Pomoc!

riasztás

alarm

rajtaütés

prepad

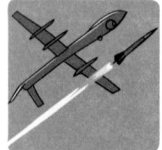

támadás

útok

veszély

nebezpečenstvo

vészkijárat

núdzový východ

tűz!

Horí!

tűzoltókészülék

hasičský prístroj

baleset

nehoda

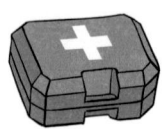

elsősegélycsomag

kufrík prvej pomoci

SOS

SOS

rendőrség

polícia

Európa

Európa

Észak-Amerika

Severná Amerika

Dél-Amerika

Južná Amerika

Afrika

Afrika

Ázsia

Ázia

Ausztrália

Austrália

Atlanti-óceán

Atlantický oceán

Csendes-óceán

Tichý oceán

Indiai-óceán

Indický oceán

Déli-óceán

Južný oceán

Jeges-tenger

Severný ľadový oceán

Északi-sark

Severný pól

Déli-sark

Južný pól

Antarktisz

Antarktída

föld

Zem

szárazföld

krajina

tenger

more

sziget

ostrov

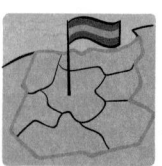

nemzet

národ

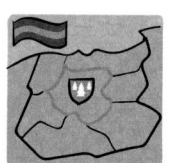

állam

štát

számlap

ciferník

kismutató

hodinová ručička

nagymutató

minútová ručička

másodpercmutató

sekundová ručička

Mennyi az idő?

Koľko je hodín?

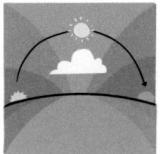

nap

deň

idő

čas

most

teraz

digitális óra

digitálne hodiny

perc

minúta

óra

hodina

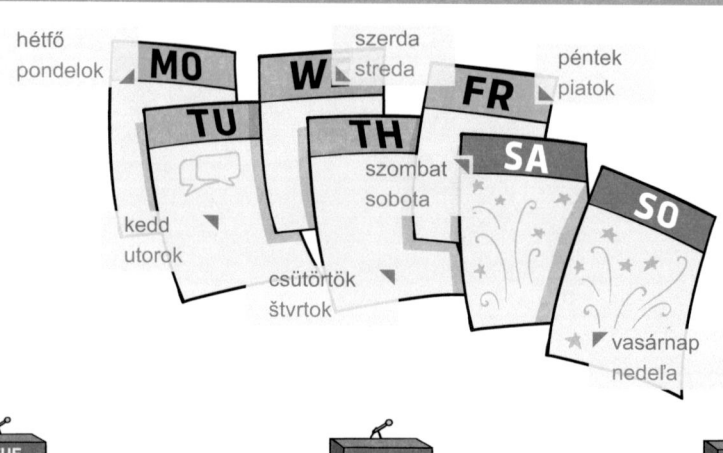

hétfő / pondelok — szerda / streda — péntek / piatok — kedd / utorok — szombat / sobota — csütörtök / štvrtok — vasárnap / nedeľa

tegnap
....
včera

ma
....
dnes

holnap
....
zajtra

reggel
....
ráno

dél
....
poludnie

este
....
večer

MO	TU	WE	TH	FR	SA	SU
1	2	3	4	5	6	7
8	9	10	11	12	13	14
15	16	17	18	19	20	21
22	23	24	25	26	27	28
29	30	31	1	2	3	4

hétköznap
....
pracovné dni

MO	TU	WE	TH	FR	SA	SU
1	2	3	4	5	6	7
8	9	10	11	12	13	14
15	16	17	18	19	20	21
22	23	24	25	26	27	28
29	30	31	1	2	3	4

hétvége
....
víkend

év
rok

eső
dážď
szivárvány
dúha
szél
vietor
hó
sneh
tavasz
jar
ősz
jeseň
nyár
leto
tél
zima

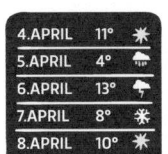

4.APRIL 11°
5.APRIL 4°
6.APRIL 13°
7.APRIL 8°
8.APRIL 10°

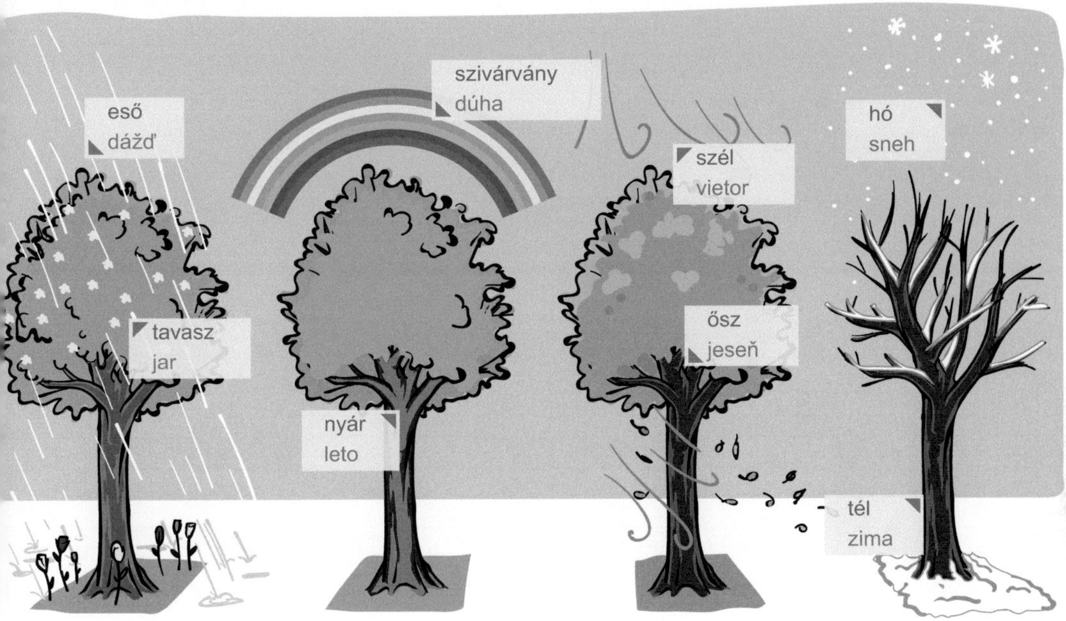

időjárás előrejelzés

predpoveď počasia

F C
120 90 60 30 0 -30
40 30 20 10 0 -10 -20

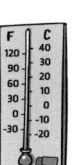

hőmérő

teplomer

napsütés

slnečný svit

felhő

oblak

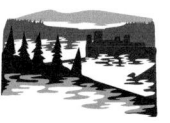

köd

hmla

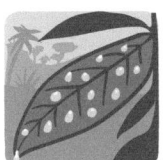

páratartalom

vlhkosť vzduchu

villámlás

blesk

mennydörgés

hrom

vihar

búrka

jégeső

krúpy

monszun

monzún

áradás

záplava

jég

ľad

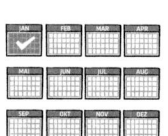

január

január

február

február

március

marec

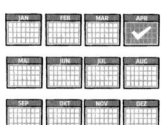

április

apríl

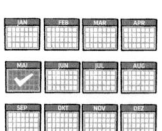

május

máj

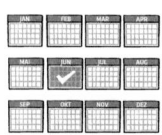

június

jún

július

júl

augusztus

august

szeptember

september

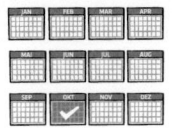

október

október

november

november

december

december

kör

kruh

négyzet

štvorec

téglalap

obdĺžnik

háromszög

trojuholník

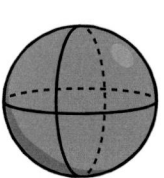

gömb

guľa

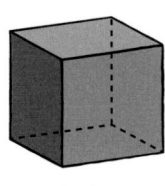

kocka

kocka

fehér
biela

sárga
žltá

narancs
oranžová

rózsaszín
ružová

piros
červená

lila
fialová

kék
modrá

zöld
zelená

barna
hnedá

szürke
šedá

fekete
čierna

sok / kevés

veľa / málo

mérges / nyugodt

zúrivý / pokojný

szép / csúnya

pekný / škaredý

kezdet / vég

začiatok / koniec

nagy / kicsi

veľký / malý

világos / sötét

svetlý / tmavý

fivér / nővér

brat / sestra

tiszta / koszos

čistý / špinavý

teljes / nem teljes

úplný / neúplný

nappal / éjszaka

deň / noc

halott / élő

mŕtvy / živý

széles / keskeny

široký / úzky

ehető / nem ehető

chutný / nechutný

gonosz / kedves

zlostný / láskavý

izgatott / unott

vzrušený / unudený

kövér / vékony

tlstý / chudý

első / utolsó

prvý / posledný

barát / ellenség

priateľ / nepriateľ

teli / üres

plný / prázdny

kemény / puha

tvrdý / mäkký

nehéz / könnyű

ťažký / ľahký

éhség / szomjúság

hlad / smäd

betegség / egészség

chorý / zdravý

illegális / legális

nelegálny / legálny

intelligens / buta

inteligentný / hlúpy

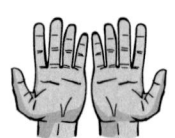

bal / jobb

vľavo / vpravo

közel / távol

blízko / ďaleko

új / használt

nový / použitý

semmi / valami

nič / niečo

idős / fiatal

starý / mladý

be / ki

zapnuté / vypnuté

nyitva / zárva

otvorené / zatvorené

csendes / hangos

tichý / hlasný

gazdag / szegény

bohatý / chudobný

helyes / helytelen

správne / nesprávne

érdes / sima

drsný / hladký

szomorú / vidám

smutný / šťastný

rövid / hosszú

krátky / dlhý

lassú / gyors

pomaly / rýchlo

nedves / száraz

mokrý / suchý

meleg / hideg

teplý / studený

háború / béke

vojna / mier

0

nulla
nula

1

egy
jeden

2

kettő
dva

3

három
tri

4

négy
štyri

5

öt
päť

6

hat
šesť

7

hét
sedem

8

nyolc
osem

9

kilenc
deväť

10

tíz
desať

11

tizenegy
jedenásť

12
tizenkettő
dvanásť

13
tizenhárom
trinásť

14
tizennégy
štrnásť

15
tizenöt
pätnásť

16
tizenhat
šestnásť

17
tizenhét
sedemnásť

18
tizennyolc
osemnásť

19
tizenkilenc
devätnásť

20
húsz
dvadsať

100
száz
sto

1.000
ezer
tisíc

1.000.000
millió
milión

angol

angličtina

amerikai angol

americká angličtina

mandarin kínai

mandarínska čínština

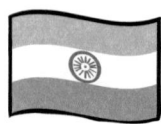

hindi

hindčina

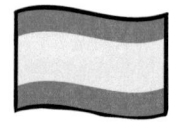

spanyol

španielčina

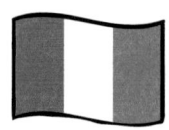

francia

francúzština

arab

arabčina

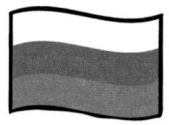

orosz

ruština

portugál

portugalčina

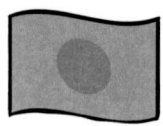

bengáli

bengálčina

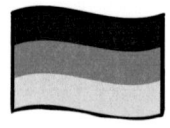

német

nemčina

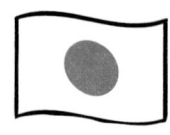

japán

japončina

én
ja

te
ty

ő
on/ona/ono

mi
my

ti
vy

ők
oni

ki?
kto?

mi?
čo?

hogyan?
ako?

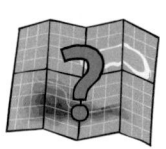

hol?
kde?

mikor?
kedy?

név
meno

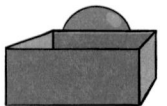

mögött

za

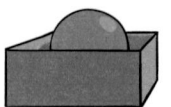

benne

v

előtte

pred

felette

nad

rajta

na

alatta

pod

mellett

vedľa

között

medzi

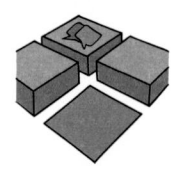

hely

miesto